FOLIO CADET

Mise en couleurs de Geneviève Ferrier

Supplément réalisé avec la collaboration
de Dominique Boutel et Anne Panzani

ISBN : 2-07-052461-2

Loi n° 49-956 du 16 juillet 1949 sur les publications
destinées à la jeunesse
Numéro d'édition : 89615
Premier dépôt légal : septembre 1993
Dépôt légal : janvier 1999
Imprimé par La Editoriale Lloyd

PEF

Leçons de géoravie

GALLIMARD

Un jour, la princesse Dézécolle confia à son mari, le prince de Motordu, qu'elle se sentait à l'étroit dans sa classe.

Le prince la rassura :

– Assez de cette détresse d'école, vous avez du succès. Il y a, chaque jour, autant de monde sur l'étang de la place, quand on est en nage d'apprendre à rire !

– Du monde ? Sans route, admit la princesse, mais, dans ma classe, il n'y a pas LE monde.

Le prince consulta aussitôt les cahiers de nattes des glaçons et des billes.

– Il me semble qu'on est en avance sur le gros gramme. Demain nous prendrons non pas notre petite toiture, mais l'autoplus scolaire, bien plus spacieux. Et il nous emportera tous à la découverte du faste monde.

– Oh oui, applaudit la maîtresse ! Mais nos écoliers ne devront pas oublier leurs balises pour qu'on puisse les repérer, ni leur frousse de survie avec brosse à dents et compote de gomme.

– Tout va bien, conclut le prince. Dès demain vous serez ravie et même géoravie.

Le lendemain, la princesse s'installa au volant de l'autoplus à deux gros tuyaux d'échappement et attacha sa tenture de sécurité.

– Je conduis deux cheminées décida-t-elle. Prince, je vous charge du cours de géoravie.

– Mais je ne cours point, protesta son époux, je roule !

Car, déjà, l'autoplus avait démarré dans un grand nuage de fumée.

MILLE, VISAGES ET GRANDS PAGNES

– Tout d'abord, annonça le prince, nous allons étudier la carte à grande échelle de notre beau pays : la Chance !

A cet instant, une femme tirant son chien traversa juste sous le nez de l'autoplus. Celui-ci freina et le prince tomba sur son derrière :

– A propos d'échelle, je suis tombé de laisse-cabot. Excusez-moi !

Devant et derrière l'autoplus, les autres véhicules s'embrassaient furieusement.

– Que c'est énervant d'être coincés dans un embout de telles rages, s'impatienta la princesse.

Une heure plus tard, l'autoplus se déplaçant par petits ponts n'avait toujours pas quitté la grande agglomération.

Le prince désigna celle-ci de la main :

– Mais ça aussi c'est de la géoravie.

Regardez ! Jadis, ici n'habitaient que quelques gens. Maintenant ils sont des milliers et des milliers. C'est pourquoi on dit qu'ils habitent en mille. Trop de mille est un mauvais calcul : les habitants s'additionnent. Les autos immobiles se multiplient et les arbres sont soustraits pour qu'on élargisse les rues.

– Mais alors, où vivre? s'écria un élève en quittant son piège .

– Dans un joli petit visage, recommanda le prince. Ça y est, regardez, il n'y a plus de mille. A nous les petites croûtes mal goudronnées ! Oui, vive les visages. Voyez déjà leurs petites maisons. Chacun s'y connaît. C'est là qu'on est nez, et qu'on y pleure. Voilà la vie de visage, alors qu'en mille, c'est plein d'inconnuls. Zéro pour moi !

Mais les élèves semblaient fatigués de voir ces champs dénudés qui filaient jusqu'à l'horizon.

– Vous ne semblez pas trop apprécier les grands pagnes ! regretta le prince.

– Les quoi ? s'étonnèrent glaçons et billes.

– Les grands pagnes ! Autrefois certaines tribus cachaient leur nudité sous des pagnes. Autrefois aussi, chez nous,

des arbres, des haies pleines d'oiseaux cachaient la nudité des champs. Mais on a tout coupé pour les agrandir. Les grands pagnes ont bien changé.

Mais déjà les petits auditeurs du maître de géoravie somnolaient. Les époux Motordu se concertèrent :

– Pas étonnant, reconnut la princesse, nous sommes en flemme.

– La flemme... la flemme... bâilla le prince, c'est bien cet endroit plat où les rivières font leur lit ? Le dodo n'est donc pas loin et les enfants l'ont bien senti !

– Le pays sage va changer, annonça la princesse. Abordons un autre chapitre !

MANIFS ET BONDS D'ÂNE

A présent, à gauche et adroite, la route prenait de l'attitude en se tortillant. Les enfants s'étaient subitement réveillés.

– Ici, il y a des millions d'années, expliqua le prince, ce que vous apercevez n'était qu'une grande flemme. Certains endroits en eurent assez :

« C'est tassé », se dirent-ils.

Et ils décidèrent de se soulever.

Cette révolte donna naissance à des manifs.

– Vous avez certainement entendu parler, dit Motordu, des Haltes, dont les

manifs barrent les vallées et des Pires Aînés, qui sont pourtant plus jeunes. Haltes et Pires Aînés sont donc pleins de bonds !

– C'est quoi, un bond ? demanda un petit glaçon.

– C'est un sommet, répondit le prince, un sommet sur lequel on monte.

De là, on saute et hop, d'un bond on se retrouve de l'autre côté, par exemple dans les Haltes, le fameux Bond Blanc qui permet de faire un saut en Italie !

– Chouette, crièrent les élèves !

– Ne vous réjouissez pas trop vite, tempéra le prince de Motordu, les bonds d'âne ne sont pas toujours drôles !

– Mais pourquoi les traiter d'âne ? s'enquit une petite bille.

– Parce qu'en se haussant les bonds voulaient être les mètres du monde. Et le plus ambitieux a réussi : le Bond Everest dépasse les huit mille mètres ! A cette hauteur bien sûr, l'herbe cède la glace à la neige et aux nuages. C'est pourquoi, dans ce froid, les bonds sont toujours embrumés et leurs éternuements provoquent de terribles avalanches.

PÂLE NORD ET PÂLE SUD

A l'étape, le prince de Motordu raconta ses fabuleux voyages au bout du monde :

– Écoutez-moi bien, avant de vous endormir. Le Soleil, qui vient de se coucher, éclaire la Terre. Mais là où il brille le moins et le moins haut au-dessus de l'horizon, c'est précisément juste au-dessous et juste au-dessus de la planète. Ces deux endroits sont forcément pâles. Il y a donc le pâle Nord et le pâle Sud. La pâleur du Soleil fait qu'il y fait très froid. L'eau de mer gèle alors sur de grandes étendues. Voyez, sur ce plan net, nous trouvons la place de la banquise. Sous la place, nagent de drôles d'oiseaux, mains au chaud. On les a appelés ainsi manchots parce qu'ils ont toujours une main au chaud dans leur beau costume de bain et l'autre pour rager dans ce froid

de canard. Sur la place filent les exquis mots, des gens dont la langue est bien jolie mais difficile à comprendre. Pour se

nourrir les exquis mots chassent les flocs qui fuient en se jetant à grand bruit dans l'eau. Les exquis mots vivent dans des igloos qui les abritent du bizarre. Ce vent, étrangement froid, transforme tout en statue de glace.

– Pauvre prince de Motordu, frissonnèrent les élèves sous leur chouette, as-tu vraiment connu cet endroit ?

– Oui, gelé connu, et le nez gelé, je l'ai encore !

Puis, avant de tomber bien au chaud dans un profond soleil, nos petits voyageurs se dirent que Motordu avait un nez blizzard, surtout quand il ronflait...

LA MÈRE ET SES MARIÉES

Le lendemain, de bond matin, l'autoplus quitta le chalet et fila vers la côte.

Là-bas il roula sur une voie qui surplombait la mère en

protégeant la ville côtière, aujourd'hui comme demain. Le professeur de géoravie princière descendit le premier du véhicule :

– Hououou, il y a dent d'Ouest ! Il me mord les mollets, se plaignit-il.

Puis il respira à fond :

– Ah, la mère, source de vie !

Les enfants et leur chère princesse Dézécolle regardèrent tristement l'eau qui était toute mouillée de déchets plastiques ou de traînées d'huile.

De loin ils aperçurent des gens qui jetaient des poubelles entières à la mère.

Ils protestèrent mais on leur répondit :

– De quoi vous mêlez-vous ? On ne fait rien d'anormal : on est sur une jetée, alors on jette toutes ces cochonneries dans le porc ! C'est la solution !

– Ah ! ragea le prince de Motordu, le problème de la solution met la vie de la mère en danger et, avec elle, celle de toute la Nature ! Ne l'oubliez jamais, mes chers petits ! Combattez la solution !

Il leur fallut aller beaucoup plus loin pour trouver une belle page blanche sur laquelle tous les élèves firent un grain d'écriture.

Mais les rouleaux de bagues successives se mirent à déferler plus fort et deux glaçons burent la tasse.

Le prince expliqua :

– La mariée haute laisse aller ses bagues, nous ne pouvons attendre la mariée basse sur ce banc de table. Je préfère ceux de la bonne auberge qui nous invite à déguster des bruits de mer.

C'est là qu'à la veillée, sur les balèzes qui dominaient la mère, le maître de géoravie parla encore d'autres contrées qu'il avait parcourues.

APRÈS L'EAU C'EST GRAND, UN PETIT DESSERT

– A dos de chameau, raconta le prince de Motordu, en s'essuyant la bouche, j'ai goûté à tous les desserts du monde. Là-bas, ces animaux ont une ou deux bosses sur le dos, des bosses rondes comme des roues de bicyclette. Aussi surnomme-t-on souvent le chameau « le vélo du dessert ». Un dessert ressemble à de la crème brûlée, dévastée par des vents de table à couper au couteau. J'y ai eu très soif, croyez-moi !

– Et il n'y a pas d'eau, d'eau dans les desserts ! s'inquiétèrent les petits voyageurs qui tombaient déjà de sommeil.

– Si, corrigea le prince, approuvé par la princesse Dézécolle, parfois, dans des mares très basses tapies entre quelques palmiers. Ce sont les fameuses et inespérées eaux assises où viennent se désaltérer les vélos du dessert crevés par leur long bagage. Bonne nuit !

AU LOUP DU VOYAGE

Le lendemain et dans la même tournée, l'autoplus, toujours piloté par la princesse Dézécolle, longea trois veuves du beau pays de Chance.

Tout d'abord la Garçonne où ils virent des chevaux courts boire aux filles de l'eau.

Puis la vallée du Rhum et celle de la Poire, veuve en crue dont les riverains récoltaient les trop nombreux pépins.

Mais les yeux des petits glaçons et des petites billes étaient bien fatigués et le prince berça encore son petit monde de souvenirs qui lui étaient chers. Il chuchota presque :

– J'ai parcouru bien des pays qui étaient chauds et humides. Les premiers explorateurs racontèrent que les moustiques y étaient fort nombreux.

Ils montrèrent tous les boutons qui ne cessaient de les déranger. Puis ils situèrent sur une carte les régions où trop piqua le moustique. Depuis, on appelle cette partie de la planète : la zone tropicale.

– N'en faites pas trop, prince, suggéra la princesse en allumant les phares de l'autoplus.

Un peu partout, dans la nuit, des yeux jaunes ou blancs clignèrent aussi.

– Eh oui, soupira la princesse Dézécolle, nous voici au loup du voyage.

Les petits passagers du car, sous leurs écarlates coups de soleil, comme des petits chats peureux rouges, s'enfoncèrent dans leur piège à loup du voyage. Et tous rêvèrent de leur chère grand-mère.

Ainsi, bien des heurts plus tard, car la route était mauvaise, glaçons et billes retrouvèrent leur chère école.

La distance parcourue était énorme et le conteur kilométrique, s'il avait pu parler, aurait pu en raconter, des histoires.

– Vous aviez raison, prince, avoua la princesse à présent d'excellente humeur. Ma classe me semble plus faste. Car nous avons visité une grande partie de la Chance. Avec ses vétustes visages, ses mères sans âge, son gros séant Atlantique au-delà des dunes et ses bonds d'âne ridés ravinés par des millions d'années d'émotion !

– Allons, pirouetta le prince de Motordu, il s'agissait de géoravie, pas de géomamie !

AIDE-MÉMOIRE DU LIVRE DE GÉORAVIE

● *Le sécateur coupe la Terre en deux hémisphères.*

● *Au soleil, la Terre est ronde comme une orange ; la nuit, elle est ronde comme une brune.*

• *Glou, glou, les petits bruits sots font les grandes civières où on s'allonge pour nager.*

• *Bien des régions de notre pays se dépeuplent. De tels endroits sont appelés départs de mamans. L'Orne, la Haute-Marne sont deux des départs de mamans...*

● *Un étroit est une partie de mer resserrée entre deux terres.*

● *Les tapes sont des pointes rocheuses qui s'avancent dans la mer et qui sont souvent giflées par les bagues.*

● *Un sac est un endroit creux plein d'eau.*

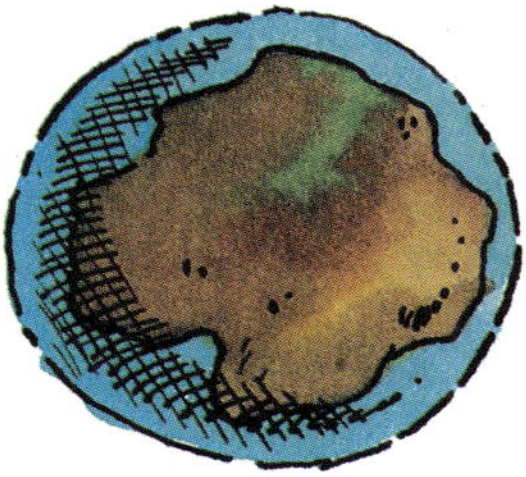

● *Jadis les continents étaient soudés. Les mouvements internes de la planète les font voyager. Les cinq continents forment aujourd'hui les cinq parties du monde.*

• *Aujourd'hui on peut passer librement d'un pays de l'Europe à l'autre.*

Mais jadis des douaniers se mettaient au milieu de la route et faisaient front pour contrôler le trafic. Depuis peu ces fronts d'hier ont disparu.

• *A l'intérieur de la planète bouillonnent des baves enflammées qui tentent de sortir. Certains bonds possèdent des trous. Ces bonds, las d'être chauffés par la bave finissent par exploser en criant :*

– Fous-le-camp !

Les baves font alors des irruptions très dangereuses. Il ne faut donc pas trop s'approcher d'un fous-le-camp. Le Vésuve et L'Etna sont des fous-le-camp bien connus.

FIN

Fils de maîtresse d'école, **Pef** a vécu toute son enfance enfermé dans diverses cours de récréation. Cela lui laisse suffisamment de temps pour être sûr que les enfants existent. N'ayant pu être ni aviateur, ni couturier, ni pilote de course, ni grand musicien (bien qu'il ait fait sans rechigner huit ans de violon !), il a pratiqué divers métiers : journaliste, photographe, essayeur de voitures ou responsable de la vente de parfums pour dames… En 1978, il dédie son premier livre, *Moi, ma grand-mère*, à la sienne. Depuis, il a écrit ou illustré cent livres. *La belle lisse poire du prince de Motordu* est le titre le plus connu. Mais il s'est aussi régalé en travaillant avec Henriette Bichonnier (*Le monstre poilu*), Claude Gutman (*Toufdepoil*), ou Frédéric Clément qui a signé les images de *Vent latéral*. Pef a écrit un roman sans image, *Mimile de l'Aqueduc*. Il a fait enrager les vrais poètes en écrivant *Farces et Attrapoèmes*. Cela ne l'a pas empêché de contribuer à mieux faire connaître les baleines en affirmant que leurs jets d'eau servaient à permettre aux poissons qui n'avaient pas de baignoire de prendre au moins une douche. Avec la complicité d'Alain Serres, Pef a créé son premier dessin animé de vingt-six épisodes, les *Pastagums* dont les héros sont, devinez… des enfants. La plupart des livres de Pef sont mis en couleurs par son épouse Geneviève aux yeux arc-en-ciel !

Leçons de géoravie

Supplément illustré

Test

Es-tu plutôt « grand pagne » ou « mille » ? Pour le savoir, choisis pour chaque question la réponse que tu préfères et reporte-toi à la page des solutions. *(Réponses page 46)*

1 Ta couleur préférée est :

■ le vert
● le gris
▲ le bleu

2 Ton idée pour un bon après-midi :

▲ faire du patin à roulettes
■ construire une cabane dans un bois
● aller au cinéma

3 La ville, pour toi, est synonyme de :

▲ pollution
■ laideur
● animation

4 A la vue d'une grande plaine, tu t'écries :

■ qu'il ferait bon s'allonger dans l'herbe !

▲ ah ! la beauté des grands ciels
● quel ennui et que c'est plat !

5 A la campagne, il y a :

● trop d'insectes
■ un si bon air frais
▲ un autre genre de liberté

6 Tu aimes que la fenêtre de ta chambre donne sur :

▲ des arbres
■ un paysage qui s'étend à l'infini
● un beau monument

7 Tu préfères être réveillé par :

● les bruits de la rue qui t'appellent
■ la cloche d'une église
▲ un réveille-matin

8 C'est agréable d'aller à l'école :

▲ à pied
■ à vélo
● en autobus

9 Tu penses qu'à la campagne :

■ les gens sont souvent isolés
● les endroits se ressemblent beaucoup
▲ le silence est un peu inquiétant

10 Tu penses qu'à la ville :

■ les parcs et jardins sont trop rares
● il n'y a pas assez de terrains de jeux
▲ il y a trop de voitures

Informations

Géoravie des origines

De retour en classe après ce merveilleux voyage, les billes et les glaçons veulent en savoir davantage sur la fascinante géoravie. La princesse Dézécolle doit alors répondre à la foule de questions qui fusent de tous les coins de la classe.

Les élèves : Qui a inventé la géographie ?

La princesse : Voilà une question à laquelle il n'est pas simple de répondre car personne n'a vraiment inventé la géographie. Depuis que l'homme voyage, il repousse les frontières du monde, poussé par son désir de découvrir de nouveaux territoires et de mieux les connaître.

Les élèves : Comme Christophe Colomb ?

La princesse : Oui, mais les hommes ont commencé bien avant lui : les Eskimos, les Phéniciens, les Chinois, les Arabes furent de grands explorateurs… Pour se repérer dans cet espace inconnu pour eux, les hommes ont dressé des cartes. On peut dire que les premiers à avoir essayé de faire de la géographie sont les cartographes dans leur tentative de représenter le monde qu'ils découvraient.

Les élèves : Ces cartes existent-elles encore ?

La princesse : Il en reste peu car elles datent d'époques très anciennes et ont souvent disparu, mais celles que l'on a retrouvées présentent des caractéristiques semblables, quel que soit le lieu où elles ont été dessinées. Elles ont la particularité d'être souvent rondes et leur centre est situé à l'endroit où vivait son auteur : Babylone pour les Mésopotamiens, Jérusalem pour les chrétiens. C'est d'une carte de ce genre que la Chine tire son nom d'« Empire du Milieu ». Plus on s'éloignait du centre, zone familière et connue, plus la représentation du monde devenait fantastique, peuplée de monstres et de lieux imaginaires.

Les élèves : Il n'y avait pas de géographes ?

La princesse : Si ! Bien sûr ! Les premiers géographes furent les philosophes grecs qui s'interrogeaient sur notre monde. Erasthotène, le premier, puis Ptolémée, ont écrit des ouvrages qui furent utilisés bien des siècles plus tard. Ils étaient parvenus, simplement par des hypothèses et des calculs, à se faire une idée assez précise de la circonférence de la Terre.

Les élèves : Ils savaient que la Terre était ronde ? On croyait que…

La princesse : Attention ! Ne mélangez pas la pensée des philosophes et les croyances populaires. Il est vrai qu'à l'époque d'Homère, on pensait que la Terre était plate. C'était un disque entouré d'eau, dont le centre était occupé par des terres émergées. Au centre de ces terres se trouvait la Grèce avec le mont Olympe où séjournaient les dieux. Les hautes montagnes du Caucase et de l'Atlas soutenaient alors la voûte céleste ! Mais les savants, eux, se représentaient la Terre comme une sphère placée au centre d'une autre, la sphère céleste. Autour d'elle, tournaient le Soleil, la Lune et les étoiles. Ils avaient déjà imaginé beaucoup de choses mais ne se représentaient pas vraiment l'infini. Il fallut attendre Galilée pour que les hommes découvrent que c'était la Terre qui tournait autour du Soleil ! Cette idée mit du temps à être acceptée par les hommes et Galilée fut condamné à mort pour ses convictions.

Les élèves : En sait-on davantage aujourd'hui ?

La princesse : Maintenant, nous avons à notre disposition des instruments de plus en plus sophistiqués : appareils photo et satellites. Autrefois, on utilisait des boussoles et des sextants. C'est à partir du XVe siècle que les grands voyages d'explorations ont permis de connaître de plus en plus précisément la surface de la Terre, son fonctionnement et sa place dans l'Univers. Si aujourd'hui nous n'expliquons pas encore tout, la géographie n'est plus totalement un secret pour nous.

Les élèves : Ni pour nous !

Jeux

De géoravie à géographie

A toi de retrouver les mots de GÉOGRAPHIE, grâce aux indices de GÉORAVIE que te donne le prince de Motordu. *(Réponses page 47)*

1. Lorsqu'elle éternue, elle provoque des avalanches.
2. Une veuve où les chevaux courts boivent aux filles de l'eau.
3. C'est là qu'on nez et c'est là qu'on pleure.
4. Il ressemble à de la crème brûlée, dévastée par les vents de table, à couper au couteau.
5. C'est une révolte qui lui donna naissance.
6. Ils chassent les flocs pour se nourrir.
7. C'est depuis la jetée qu'on y lance plein de cochonneries.
8. Ils font les grandes civières.
9. Là où se désaltèrent les vélos du dessert crevés par leur long bagage.

8
2
3
1
5
9
7
4
6

Réponses

pages 38 et 39

Compte les ▲, les ● et les ■ que tu as obtenus.
- Si tu as plus de ■, tu es résolument un adepte de la campagne. Tu aimes la vie au grand air, la présence de la nature, les bêtes et les plantes te sont plus familières que les inventions du monde moderne. La campagne est une terre d'aventure où tu aimes, ou aimerais, vivre.
- Si tu as plus de ●, tu es vraiment le citoyen type. Tu n'imagines pas vivre loin des plaisirs qu'offre une cité. Tu aimes la présence des gens autour de toi. Ni le bruit ni le mouvement ne te gênent. Tu y trouves même une certaine beauté.
- Si tu as plus de ▲, peu t'importe l'endroit où tu habites, pourvu que tu t'y sentes bien. Tu n'as pas d'à priori, chaque endroit procure ses plaisirs même s'il n'est pas parfait.

pages 44 et 45

De géoravie à géographie : **1.** *Montagne* - **2.** *Rivière* - **3.** *Village* - **4.** *Désert* - **5.** *Massif* - **6.** *Eskimos* - **7.** *Port* - **8.** *Ruisseaux* - **9.** *Oasis.*

Si tu as aimé ce livre, voici d'autres titres de la bibliothèque du Prince de Motordu

La belle lisse poire du Prince de Motordu

Le dictionnaire des Mots tordus

Les belles lisses poires de France

L'ivre de français

Le livre de nattes

Leçons de géoravie

Cours de silence naturel

Motordu et le fantôme du chapeau

Motordu a pâle au ventre

Motordu champignon olympique

Motordu au pas, au trot, au gras dos

Motordu et les petits hommes vers

Motordu sur la Botte d'Azur

Motordu est le frère Noël

Motordu et son frère Hoquet

Motordu as à la télé